AF641516

MARIE MELCHIOR & BETINA HASTOFT

BOHNEN LINSEN & CO

REZEPTE MIT PROTEINKICK

LV.Buch

MADE IN ITALY
WECK

MARIE MELCHIOR & BETINA HASTOFT

BOHNEN LINSEN & CO

REZEPTE MIT PROTEINKICK

LV.Buch

INHALT

VORWORT

Hier kommt das Buch mit meinen Bohnenrezepten für Sie!

Die Idee zu einem Buch über Bohnen und Hülsenfrüchte entstand in meinem Alltag als Rezeptautorin beim Schlendern durch die Lebensmittelgänge des Supermarkts.

Ich habe mich oft gefragt, ob es jemanden gibt, der sich begeistert auf die Auswahl an Bohnen und Hülsenfrüchten stürzt, die in Reih und Glied stehen und Perlen in schönen Farben gleichen ... Das bezweifle ich!

Ich glaube, dass vielen Menschen das Wässern und Warten zu umständlich und überflüssig erscheint – und wozu soll man diese Produkte eigentlich verarbeiten? Wie schafft man es, dass sie gut schmecken?

Wir sind mit Kartoffeln aufgewachsen. Es ist nicht Teil unserer Esskultur, viele Hülsenfrüchte zu essen und das ist schade – wobei das eine das andere ja nicht ausschließen muss.

Bohnen und Hülsenfrüchte sind andernorts wichtige Grundnahrungsmittel. Ich bin in den Küchen vieler Länder auf Entdeckungsreise gegangen, besonders in Asien, im Mittleren Osten und in anderen europäischen Ländern. Und das hat mich zu tollen Rezepten mit Bohnen und Hülsenfrüchten inspiriert.

Es gibt viele gute Gründe, sich auf Bohnen und Hülsenfrüchte zu stürzen. Sie sättigen gut und enthalten jede Menge Ballaststoffe, Vitamine und Mineralien. Bohnen und Hülsenfrüchte sind eine ausgezeichnete Proteinquelle. Zudem haben sie den Ruf, nachhaltig und umweltfreundlich zu sein, weil sie sogar die Fruchtbarkeit des Bodens verbessern. Sie sind preiswert, einfach in der Küche aufzubewahren und lange haltbar. Und nicht zuletzt: Sie können fantastisch schmecken, wenn man sie richtig verarbeitet!

Uns werden die Folgen unserer Entscheidungen und Handlungen immer bewusster. Viele Menschen überlegen häufiger als früher, was sie verzehren: aus Rücksicht auf Umwelt, Tierwohl und Gesundheit. Die Zahl der Veganer, Vegetarier, Flexitarier und Pescetarier steigt stetig. Gemeinsam ist ihnen, dass sie weniger (oder gar kein) Fleisch essen und deshalb Alternativen finden müssen. Ich selbst esse alles: Fleisch, Eier, Fisch und Gemüse – aber mittlerweile viel weniger Fleisch als früher. Und in steigendem Maß Bohnen und Hülsenfrüchte, die in meiner Küche das Fleisch ersetzen.

Die Zeit ist also reif, Bohnen in die tägliche Ernährung einzubinden. Mein Ziel ist es, Ihnen Inspirationen zu liefern, damit Sie sich auf Bohnen stürzen und entdecken, wie viele schmackhafte, gesunde und superleichte Gerichte Sie damit zubereiten können.

Ich bin leidenschaftliche Rezeptautorin und liebe es, Zutaten für Rezepte auszuprobieren, zu untersuchen, abzuschmecken und zu empfehlen. Und es ist mir wichtig, einfache Rezepte zu kreieren, die jeder nachkochen kann.

Das Buch hat sechs Kapitel:

- Kichererbsen
- Linsen
- Bohnen
- Frische Erbsen
- Frische Bohnen
- Kakaobohnen

Sämtliche Kapitel enthalten Rezepte mit Fisch, Fleisch und Gemüse. Diese Rezepte sind außerdem in Snacks, Salate, Suppen, Hauptgerichte und den süßen Abschluss eingeteilt.

Ich hoffe, dass Ihnen meine Rezepte gefallen – viel Spaß beim Lesen, Probieren, Schmecken und Essen! Ran an die Töpfe, hinein mit den Bohnen!

Marie Melchior

KICHERERBSEN

HERKUNFT

Kichererbsen stammen aus Südwestasien und werden heute meist im Mittleren Osten, in Indien und Pakistan angebaut. Dieser Teil der Welt ist Großverbraucher der Hülsenfrüchte, die hier eine Hauptzutat in der Küche sind.

ARTEN

Kichererbsen ähneln Erbsen, haben aber eine runzlige Oberfläche. Die beigen sind am meisten verbreitet, es gibt sie aber auch in Braun, Rot und Schwarz.

GESCHMACK UND EIGENSCHAFTEN

Kichererbsen schmecken nussähnlich. Sie enthalten viel Protein und sind ein guter Fleischersatz.

WIE VERWENDET MAN KICHERERBSEN?

Gekochte Kichererbsen können gut aufbewahrt werden, sodass sie als Zutat für den Salat bereit sind, ins Humus gemengt werden oder als Beilage zu den täglichen Mahlzeiten dienen können.
Kichererbsen sind auch als Mehl erhältlich, das für Pfannkuchen und Kuchen verwendet wird.

Wenn es schnell gehen muss und keine eingeweichten Kichererbsen da sind, einfach vorgekochte aus der Dose nehmen. Sie haben eine weichere Konsistenz als die selbst eingeweichten und gekochten. Kichererbsen aus der Dose können gut auf Vorrat gekauft werden, für einen schnellen Humus oder als Zutat im Salat.

Damit Kichererbsen ein schönes Aroma erhalten, benötigen sie einen Kick in Form von Zitrone, Essig, Chili, Gewürzkräutern und Pfeffer.

ZUBEREITUNG

Kichererbsen müssen erst eingeweicht und in den meisten Fällen auch gekocht werden.

Getrocknete Kichererbsen in eine Schüssel geben, mit kaltem Wasser bedecken und 10-12 Stunden ziehen lassen. Das Wasser abgießen und die Erbsen dann 45 Minuten in reichlich frischem Wasser kochen, bis sie weich sind.

Sollen die Kichererbsen Biss behalten, können sie kürzer gewässert oder gekocht werden. Die Kochzeit sollte jedoch mindestens 30 Minuten betragen, da rohe Kichererbsen schädliches Phasin enthalten.

LAGERUNG

Getrocknete Kichererbsen sollten trocken und kühl im Vorratsschrank aufbewahrt werden. Frisch gekochte Kichererbsen halten sich in einer Dose im Kühlschrank eine Woche, können aber auch in kleineren Portionen eingefroren werden.

KLASSISCHER HUMMUS

ca. 250 ml

1 Dose Kichererbsen (Abtropfgewicht 240 g)
1 TL Salz
1 Zitrone (50 ml Zitronensaft)
2 EL Tahin
1 TL Kreuzkümmel, ganz
2 EL Olivenöl

Wasser von den Kichererbsen abgießen. Kichererbsen zusammen mit Salz, Zitronensaft, Tahin und Kreuzkümmel in eine Küchenmaschine geben. Etwas Wasser hinzufügen (1-2 EL), wenn die Mischung zu trocken ist. Mixen, bis die Konsistenz glatt und cremig ist.

Olivenöl einrühren und abschmecken.
Evtl. mehr Zitronensaft und Salz hinzufügen.

Hummus hält sich im Kühlschrank bis zu 1 Woche. Toll als Dip für Gemüsesticks, auf dem Sandwich oder als Zutat im Dressing.

ROTE-BETE-HUMMUS

MIT GERÖSTETEM FLADENBROT

ca. 300 ml

250 g Rote Bete
200 ml Wasser
1 Dose Kichererbsen (Abtropfgewicht 240 g)
1 EL Tahin
1 TL Kreuzkümmel, ganz
100 ml griechischer Joghurt
100 ml Olivenöl
Salz und frisch gemahlener Pfeffer
4 kleine Fladenbrote

Ofen auf 200 °C vorheizen. Die Rote Bete putzen und mit 200 ml Wasser in eine Pfanne geben. Die Pfanne mit Alufolie abdecken. Die Rote Bete 1-1,5 Stunden dünsten, bis sie weich sind.

Rote Bete abkühlen lassen, bis sie lauwarm sind. Die Schale abstreifen – Handschuhe verwenden, damit die Hände nicht rot werden!

Rote Bete grob hacken und in einer Küchenmaschine zusammen mit Kichererbsen, Tahin und Kreuzkümmel zu einer glatten Masse mixen. Joghurt und Olivenöl unterrühren. Mit Salz und frisch gemahlenem Pfeffer abschmecken. Etwas Wasser hinzufügen, wenn die Konsistenz zu dick ist.

Ofen auf 200 °C vorheizen. Das Fladenbrot 5-6 Minuten knusprig backen. Abkühlen lassen, in kleinere Stücke brechen und zum Hummus servieren.

GERÖSTETE KICHERERBSEN

MIT MANDELN

6-8 Personen

400 g Kichererbsen, aus der Dose oder frisch gekocht
175 g Mandeln
3 EL Honig
1 EL Chiliflocken
1 EL Salz
1 TL scharfes Paprikapulver, geräuchert
3 EL Olivenöl

Zum Bestreuen:
2 EL Salz
1 TL scharfes Paprikapulver, geräuchert

Ofen auf 160 °C vorheizen. Ein Backblech mit Backpapier belegen. Kichererbsen abgießen und mit einem Küchentuch abtrocknen.

Honig, Chiliflocken, Salz, Paprika und Öl in einer Schüssel verrühren. Mandeln und Kichererbsen dazu geben und gut vermengen, bis alles mit Marinade bedeckt ist.

Kichererbsen und Mandeln gleichmäßig auf dem Backblech verteilen. Evtl. ein zweites Blech verwenden. Im Ofen 30-35 Minuten rösten, bis die Kichererbsen golden sind. Zwischendurch wenden.

Salz und Paprika darüber streuen, wenn sie fertig sind. Vor dem Servieren abkühlen lassen.

Die gerösteten Kichererbsen mit Mandeln halten sich in einem luftdichten Behälter eine Woche.

KICHERERBSEN-SALAT

4 Personen

1 Dose Kichererbsen
(oder 250 g frisch gekochte)
4 Tomaten
1 rote Snackpaprika
1 Gurke
1 Schälchen Rucola
1 rote Zwiebel
100 g Fetakäse

Dressing:
4 Scheiben Salzzitrone
1 Zitrone
4 EL Olivenöl
Salz und Pfeffer

Salzzitronen:
Saft von 6 Zitronen
8 EL Salz
1 EL Koriandersamen, ganz
1 TL weiße Pfefferkörner, ganz
5-6 Lorbeerblätter
100 ml Olivenöl

Tomaten, Paprika und Gurke waschen, in kleinere Stücke schneiden. Mit den abgetropften Kichererbsen in einer Schüssel vermengen. Rucola waschen und abtrocknen, unterheben. Die rote Zwiebel schälen und in feine Spalten schneiden. Salat gut mischen. Feta darüber bröseln.

Salzzitrone in kleine Würfel schneiden und fein hacken. Mit Zitronensaft, Olivenöl, Salz und Pfeffer verrühren. Das Dressing über den Salat geben und evtl. mit Brot servieren.

Der Salat ist lecker zum Mittagessen oder als Beilage zu Fleisch und Fisch.

Salzzitronen:
Zitronen waschen und in dünne Scheiben schneiden. Eine Schicht Zitronenscheiben in ein großes, sauberes Einmachglas legen. Salz, Koriander und weißen Pfeffer darauf streuen, ein Lorbeerblatt dazu geben. Die Zitronenscheiben fest zusammendrücken.

Wiederholen, bis die Zitronen verbraucht sind. Olivenöl darüber gießen. Glas verschließen und mindestens 14 Tage dunkel und kühl lagern, bevor die Zitronenscheiben verarbeitet werden.

Salzzitronen sind auch im gut sortierten Supermarkt, in Marokko-Läden oder im Internet erhältlich. Die Zitronen schmecken frisch, aromatisch und sind durch das Salz nicht so herb.

BLUMENKOHL-REIS
MIT KICHERERBSEN

4 Personen

500 g Brokkoli
1 Blumenkohl
1 Dose Kichererbsen (Abtropfgewicht 240 g)
100 g Mandeln
1 EL zerstoßener Kreuzkümmel
2 EL Olivenöl
4 Scheiben Salzzitronen (S. 17)
1 Bund glatte Petersilie
1 Bund Minze
Salz und Pfeffer

Dressing auf Hummus-Basis:
50 ml Hummus
1 Zitrone
3 EL Wasser
Salz und Pfeffer

Ofen auf 200 °C vorheizen. Blumenkohl und Brokkoli waschen und mit einer Reibe zu „Reis" reiben.

Blumenkohl und Brokkoli auf einem Backblech mit Backpapier verteilen. Kichererbsen und Mandeln hinzufügen. Alles gut vermengen. Mit zerstoßenem Kreuzkümmel, Salz und Pfeffer würzen, mit Olivenöl beträufeln. 20-25 Minuten im Ofen backen.

Salzzitronen in sehr kleine Stücke schneiden. Kräuter waschen und hacken. Zitrone, Kräuter und Koriander im „Blumenkohlreis" wenden.

Hummus mit dem Saft einer Zitrone, Wasser, Salz und Pfeffer verrühren. Dressing über den Blumenkohlreis träufeln.

GROBES KICHERERBSEN-PÜREE

MIT TAHINCREME UND TOMATENSALSA

4 Personen

1 Dose Kichererbsen (oder 250 g frisch gekochte)
4 Scheiben Salzzitrone (S. 17)
4 EL Olivenöl

Tahincreme:
4 EL Tahin
1 Zitrone
3 EL Wasser

Tomatensalsa:
4 Tomaten
4 EL glatte Petersilie, gehackt
2 EL Minze, gehackt
3 EL Olivenöl
Salz und Pfeffer

Kichererbsen mit dem Stabmixer oder in der Küchenmaschine zum groben Püree mixen.

Salzzitronen in sehr kleine Stücke schneiden. Kichererbsenpüree mit gehackten Salzzitronen und Olivenöl mischen.

Tahin mit Zitronensaft und Wasser vermengen, bis es eine weiche Konsistenz hat.

Tomaten waschen und vierteln. Die Kerne entfernen und das Fruchtfleisch in feine Würfel schneiden.

Petersilie und Minze waschen, dann hacken. Tomaten mit den gehackten Kräutern, Olivenöl, Salz und Pfeffer mischen.

Eine Schüssel oder einen Teller mit Tahincreme am Boden und dem groben Kichererbsenpüree darauf anrichten. Mit Tomatensalsa toppen.

Perfekt als Vorrat oder als Beilage zu Rinderfrikadellen (S. 33).

KICHERERBSEN-WRAP
MIT GEMÜSE

4 Personen

Pfannkuchen:
175 g Kichererbsenmehl
400 ml Wasser
2 EL Olivenöl
1/2 TL Salz
Öl zum Backen

Füllung:
2 Tomaten
1 Kopf Blumenkohl
2 EL Olivenöl
1 EL Tandoori-Gewürz
200 g Grünkohl
1 kleines Bund Koriander
200 ml griechischer Joghurt
Salz und Pfeffer

Dukkah:
100 g Mandeln
50 g Pistazien
2 EL Sesamsamen
2 EL Fenchelsamen
1 EL Salz
1 TL weiße Pfefferkörner

Kichererbsenmehl mit Wasser, Olivenöl und Salz in eine Schüssel geben. Zu einem glatten Teig schlagen. Teig 30 Minuten ruhen lassen. Olivenöl in einer Pfanne erhitzen und dünne Pfannkuchen ausbacken.

Tomaten waschen und vierteln. Blumenkohl in kleine Stücke schneiden. Öl in einer Pfanne erhitzen. Tomaten und Blumenkohl mit dem Tandoori-Gewürz in der Pfanne anschwitzen, bis der Blumenkohl etwas Farbe angenommen hat und die Tomaten zusammenfallen.

Grünkohl von den Stängeln abstreifen und in kleine Stücke brechen. Grünkohl waschen und dann zu Blumenkohl und Tomaten in die Pfanne geben. Alles einige Minuten erwärmen.

Pfannkuchen mit griechischem Joghurt und gebratenen Gemüsen anrichten. Mit Salz und Pfeffer würzen. Mit Dukkah und Korianderblättchen bestreuen.

Dukkah:
Mandeln und Pistazien in einer Pfanne rösten, bis sie duften. Abkühlen lassen.

Sesam- und Fenchelsamen in der Pfanne rösten, bis sie „springen". Etwas abkühlen lassen und mit Salz, Pfefferkörnern und Nüssen in einen Mörser oder den Minihacker geben. Zu grobem Mehl mahlen.

TOMATEN-SUPPE

MIT KICHERERBSEN

4 Personen

1 TL Koriandersamen
1 TL Kreuzkümmel, ganz
1 TL Bockshornkleesamen*
1 Frühlingszwiebel
1 Knoblauchzehe
2 EL Olivenöl
1/2 TL Chiliflocken
200 g Tomatenmark
2 Dosen Tomaten, geschält und gehackt (240 g Abtropfgewicht)
1 l Gemüsebrühe
2 EL roter Balsamico
1 Dose Kichererbsen (Abtropfgewicht 240 g)
1 EL Zucker
Salz und Pfeffer

Garnierung:
1/2 Bund glatte Petersilie
100 g Parmesan

Kräuter in einer heißen, trockenen Pfanne anrösten. Herausnehmen und in einem Mörser oder Minihacker zerstoßen.

Zwiebel und Knoblauch schälen und hacken. Olivenöl in einem Topf erhitzen, Zwiebel und Knoblauch darin anschwitzen. Geröstete, gemischte Kräuter, Chiliflocken und Tomatenmark hinzufügen. Umrühren und die geschälten Tomaten nach 2-3 Minuten dazu geben.

Alles umrühren, Gemüsebrühe und Balsamico hinzufügen. Deckel auflegen und die Suppe 20 Minuten simmern lassen.

Wasser von den Kichererbsen abgießen. Die Kichererbsen in die Suppe geben und weitere 10 Minuten mitköcheln lassen. Mit Zucker, Salz und Pfeffer abschmecken.

Petersilie waschen und Blättchen von den Stängeln abziehen. Parmesan mit dem Sparschäler grob hobeln. Die Suppe mit Petersilienblättchen, Parmesanspänen und Brot servieren.

** Bockshornkleesamen sind wichtig als Aroma für Curry. Die Samen besitzen viele gute Eigenschaften für unseren Körper: Sie regulieren den Blutzucker, sind gut für den Darm, verhindern Verstopfung, sind virenhemmend und gut für vieles andere ...*

FALAFEL

25-30 Stück

400 g getrocknete Kichererbsen*
1 Bund glatte Petersilie
1 Knoblauchzehe
1 Zwiebel
1 EL Tahin
1 EL Kreuzkümmel, ganz
1 EL Koriandersamen, ganz
Saft und Schale von 1 Limette
1 TL Backpulver
2 EL Kichererbsenmehl
Öl zum Braten

Kichererbsen gründlich abspülen. Für 8-10 Stunden in reichlich Wasser einweichen. Kichererbsen danach abspülen und in eine Küchenmaschine geben.

Petersilie waschen und grob hacken. Zwiebel und Knoblauch pellen, in kleinere Stücke schneiden. Petersilie, Zwiebel und Knoblauch in die Küchenmaschine geben. Mit den Kichererbsen zu einem groben Püree mixen.

Tahin, Gewürze, Saft und Schale der Limette, Backpulver und Mehl hinzufügen. Nochmals mixen.

Mit den Händen kleine Kugeln formen. Öl in einem Topf mit dickem Boden erhitzen. Die Falafel braten, bis sie golden und knusprig sind. Auf Papier abtropfen lassen.

** Für Falafel kann man keine Kichererbsen aus der Dose nehmen, weil diese gekocht sind. Damit der „Teig" haftet, werden rohe, eingeweichte Kichererbsen verarbeitet.*

Falafel im Pitabrot mit Salat, Gurke, Tomate und Tahin-Joghurt (S. 33) servieren.

de BUYER

SEETEUFEL

MIT RATATOUILLE AUS DEM BACKOFEN

6 Personen

600 g Seeteufelfilet
4 EL Olivenöl
1 Zitrone
Salz und Pfeffer
1 Bund Basilikum

Ratatouille:
1 Aubergine (ca. 300 g)
2 Zucchini (ca. 600 g)
2 rote Snackpaprika
500 g Strauchtomaten
1 Dose Kichererbsen
(Abtropfgewicht 240 g)
4 Knoblauchzehen
3-4 Zweige Thymian
3-4 Zweige Rosmarin
4 EL Olivenöl
Salz und Pfeffer

Ofen auf 180 °C vorheizen. Aubergine, Zucchini und Paprika in grobe Stücke schneiden. Die Gemüse in eine ofenfeste Form geben.

Die Strauchtomaten waschen und die Dolden obenauf legen. Wasser von den Kichererbsen abgießen und diese in der Form verteilen.

Knoblauchzehe pellen und in eine kleine Schüssel pressen. Die Kräuter waschen und ganz fein hacken und ebenfalls in die Schüssel geben. Mit Olivenöl verrühren. Die Kräutermarinade über die Gemüse geben, mit Salz und Pfeffer würzen. Form in den Ofen stellen.

Nach 25 Minuten aus dem Ofen nehmen und den Fisch oben auf die Gemüse legen. Mit Olivenöl und Zitronensaft beträufeln, mit Salz und Pfeffer würzen. Form wieder in den Ofen schieben und den Fisch 15 Minuten backen. Vor dem Servieren mit Basilikum garnieren.

HÜHNER-EINTOPF

MIT EINEM HAUCH ORIENT

6 Personen

1 großes Landhuhn (ca. 1,5 kg)
Salz und Pfeffer
2 EL Olivenöl
1 Zwiebel
1 Zehe Knoblauch
4 große Karotten
2 EL Garam Masala
300 g Basmatireis
1 Dose Kichererbsen (250 g frisch gekocht)
700 ml Hühnerbrühe
1 Bund Minze

Ofen auf 200 °C vorheizen. Hühnchen in 8 Stücke teilen. Die Hühnchenstücke mit Salz und Pfeffer würzen. Olivenöl in einem Topf erhitzen und das Fleisch von allen Seiten anbraten, bis die Haut Farbe angenommen hat. Die Hühnchenteile zur Seite legen und den Herd abschalten.

Zwiebel und Knoblauch schälen und fein hacken. Karotten schälen und in Scheiben schneiden. Den Topf wieder auf den Herd stellen, Zwiebel und Knoblauch anschwitzen, bis sie im Hühnerfett gegart sind. Karotten mit 1 EL Garam Masala hinzufügen.

Reis in den Topf geben und rühren, bis der Reis fertig ist.

Wasser von den Kichererbsen abgießen, mit kaltem Wasser abspülen. Die Kichererbsen zum Reis geben.

Die gebräunten Hühnchenteile mit der Hautseite nach oben auf den Reis in den Topf legen. Die kochende Hühnerbrühe angießen. Den abgedeckten Topf für 40 Minuten in den Ofen geben. Das Gericht ist fertig, wenn das Wasser komplett aufgenommen wurde. Mit Minzblättern garnieren.

RINDER-FRIKADELLEN

MIT KICHERERBSEN

4-6 Personen

600 g Rinderhackfleisch
1 Dose Kichererbsen (Abtropfgewicht 240 g)
1 TL Kreuzkümmel, ganz
1 EL Za'atar*
1 EL Tomatenmark
1 Ei
Salz und frisch gemahlener Pfeffer
1 Bund Minze

TahinJoghurt:
1 EL Tahin
200 ml griechischer Joghurt
1 Zitrone
Salz und Pfeffer

Mit dem Tahin-Joghurt beginnen, damit dieser stehen und ziehen kann. Alle Zutaten vermengen und in den Kühlschrank stellen.

Rinderhackfleisch und Kichererbsen in die Küchenmaschine geben. Kreuzkümmel, Za'atar, Tomatenmark, Ei, Salz und frisch gemahlenen Pfeffer hinzufügen.

Minze grob hacken, bis sie etwa 2 EL entspricht, ebenfalls in die Küchenmaschine geben. Alles zu einer glatten Farce mixen.

Das Fleisch in längliche Bratlinge formen. Öl in einer Pfanne erhitzen und das Fleisch 5-6 Minuten von jeder Seite braten. Wenn die Frikadellen fertig sind, Spieße hineinstechen und mit Tahin-Joghurt servieren.

** Za'atar ist eine typisch orientalische Gewürzmischung, die aus Thymian, Sumach, gerösteten Sesamsamen, Majoran, Oregano und Salz besteht.*

PERSISCHES GEBÄCK

25 Stück

100 ml kaltgepresstes Sonnenblumenöl
75 g Puderzucker
1 TL zerstoßener Kardamom
1 TL Rosenwasser*
175 g Kichererbsenmehl
50 g Pistazienkerne

Küchlein
Öl, Zucker, Kardamom und Rosenwasser in eine Schüssel geben. Mit dem Handmixer zu einer cremigen Masse vermengen. Kichererbsenmehl sieben und mit niedriger Geschwindigkeit untermischen.

Die Hände mit kaltem Wasser benetzen und den Teig kneten. Der Teig ist trocken und bröselig – so muss es sein! Den Teig in Folie verpacken, den Klumpen auf die Arbeitsfläche legen und 2 Stunden ruhen lassen.

Ofen auf 200 °C vorheizen. Ein Backblech mit Backpapier auslegen. Kichererbsenmehl auf der Arbeitsfläche verteilen und den Teig auf eine Dicke von 1/2 cm ausrollen. Runde Küchlein ausstechen.

Die Küchlein auf das Blech setzen. Pistazien hacken und darüber streuen. Die Küchlein 10–12 Minuten backen, bis sie golden werden. Auf einem Kuchengitter abkühlen lassen. Nicht berühren, bevor sie abgekühlt sind, weil sie sonst direkt zerbröseln!

** Rosenwasser zum Kochen ist bei orientalischen Gemüsehändlern erhältlich.*

LINSEN

HERKUNFT

Linsen stammen aus den Mittelmeerländern und werden seit Jahrtausenden angebaut.

ARTEN

Linsen sind Hülsenfrüchte. Es gibt verschiedene Sorten: schwarze, grüne und kleine rote Linsen.

GESCHMACK UND EIGENSCHAFTEN

Linsen schmecken mild und leicht nussig. Sie eignen sich toll, um Aromen der Suppe aufzunehmen, in der sie gekocht werden, oder der Marinade, in der sie eingelegt sind.

Linsen stecken randvoll mit Protein, Mineralien, Eisen und Ballaststoffen und haben wenig Kalorien.

Rote Linsen, die kleinste Sorte, sind schneller gar und deshalb sehr gut für Suppen geeignet. Viele andere Linsen haben auch die Tendenz, zu verkochen und mehlig zu werden. Deshalb werden sie für Dal, Pasteten und Eintopfgerichte verwendet.

Linsen aus Puy in Frankreich sind klein und grün-schwarz. Bekannt sind sie wegen ihrer Fähigkeit, beim Kochen ihren Biss zu behalten, ideal für Salate.

WIE VERWENDET MAN LINSEN?

Es ist praktisch, immer Linsen im Haus zu haben. Sie sättigen nämlich gut und sind schnell zubereitet. Sie sind besonders für Eintöpfe, Suppen und Salate geeignet.

Ich bereite meine eigene Linsenmischung zu, indem ich Reis, Linsen und meine getrockneten Lieblingskräuter (S. 45) mische. So habe ich immer eine schnelle, leckere Mahlzeit in Vorrat.

ZUBEREITUNG

Linsen sollten vor der Verwendung nicht gewässert werden und benötigen eine Kochzeit von 15-20 Minuten.

LAGERUNG

Linsen trocken und dunkel lagern. Gekochte Linsen sind in einer Dose im Kühlschrank 4 Tage haltbar. Sie können auch eingefroren werden.

Linsensprossen schmecken nussig und frisch. Toll als Zutat für Salate und auch für Wok- oder Pfannengerichte. Lecker auch als Topping oder Snack.

LINSEN-SPROSSEN

1 Einmachglas

200 g grüne Linsen
1 Einmachglas oder Glas mit Schraubdeckel
1 St. Gaze
Wasser

Linsen unter fließendem Wasser abspülen und in ein Glas geben. Das Glas mit Wasser auffüllen, bis die Linsen bedeckt sind. Die Linsen 10-12 Stunden oder über Nacht ziehen lassen.

Wasser abgießen und die Linsen gründlich mit kaltem Wasser spülen. Die Linsen zurück ins Glas geben. Die Glasöffnung mit Gaze abdecken und das Glas seitlich auf einen Teller legen, damit Wasser ablaufen kann. Oder das Glas kopfüber auf zwei Essstäbchen auf einen Teller stellen.

Die Linsen im Laufe der nächsten 2-3 Tage 2 Mal täglich abspülen. Schon nach einem Tag kann man kleine Sprossen entdecken. Direkte Sonneneinstrahlung vermeiden, am besten ist ein schattiger Platz auf dem Küchentisch.

Nach 3-4 Tagen haben die Sprossen eine Größe von 1-2 cm erreicht und sind verzehrfertig. Das Wasser abgießen und die Linsen ein letztes Mal abspülen. Zurück in das Glas geben und Deckel aufschrauben. Im Kühlschrank halten sich die Sprossen ungefähr eine Woche.

SALAT
MIT LINSENSPROSSEN

4 Personen

400 g Tomaten
200 g Mozzarella
2 Avocados
4 EL Dukkah (S. 23)
200 g Linsensprossen (S. 41)
Verschiedene Sprossen (z. B. Brokkoli, Bockshornklee, Erbsen, Kresse, Brunnenkresse)
4 EL Zitronenöl
Salz und Pfeffer

Tomaten waschen und vierteln. Mozzarella in kleinere Stücke schneiden.

Avocados halbieren und Stein entfernen. Fruchtfleisch in einem Stück herausnehmen und längs in Scheiben schneiden.

Alles in einer Salatschüssel mit den Linsensprossen vermengen.

Mit verschiedenen Sprossen garnieren.

Zitronenöl über den Salat träufeln, mit Salz und Pfeffer würzen.

Ein schneller, schmackhafter Salat zu Mittag – auch „to go"!

GEWÜRZTE LINSENMISCHUNG

ALS VORRAT

12-14 Portionen

500 g gemischte Linsen
500 g Basmatireis
100 g geriebener Kokos
4 EL zerstoßener Koriander
4 EL zerstoßener Kreuzkümmel
3 EL Garam Masala

Die Linsenmischung mit dem Reis vermengen.

Geriebenen Kokos, Koriander, Kreuzkümmel und Garam Masala hinzufügen.

Die Mischung in ein Einmachglas geben und dunkel aufbewahren.

Auf der nächsten Seite finden Sie ein leckeres Rezept für diese Linsenmischung.

Wenn Sie die gewürzte Mischung als Vorrat haben, ist ein aromatisches Gericht schnell zubereitet. Fügen Sie Ihre Lieblingsgemüse hinzu, wenn Sie das Linsenpilaf zubereiten!

LINSEN-PILAF

MIT KABELJAU

4 Personen

1 Frühlingszwiebel
1 Knoblauchzehe
1 EL Olivenöl
300 g Linsenmischung (S. 45)
600 ml Gemüsebrühe
1 Bund Minze
1 Bund glatte Petersilie
1 Zitrone
3 EL Olivenöl

Fisch:
800 g Kabeljau
4 EL Olivenöl
1 EL Chiliflocken
4 Scheiben Salzzitronen (S. 17)
Salz und Pfeffer

Zwiebel und Knoblauch schälen, beides ganz fein hacken. Öl in einem Topf erhitzen. Zwiebel und Knoblauch glasig anschwitzen. Die Linsenmischung hinzufügen und 3 Minuten unter Rühren anschwitzen.

Mit Brühe ablöschen. Deckel auf den Topf legen. Die Hitze reduzieren. Reis und Linsen 15-20 Minuten simmern lassen, bis sie das gesamte Wasser aufgenommen haben.

Topf vom Herd nehmen. Linsen und Reis mit einer Gabel auflockern. Den Topf mit einem sauberen Geschirrtuch abdecken und den Reis 10 Minuten ziehen lassen.

Minze und Petersilie waschen, dann fein hacken. Die gehackten Kräuter, Zitronensaft und Olivenöl kurz vor dem Servieren mit dem Linsenpilaf vermengen.

Ofen auf 200 °C vorheizen. Die Kabeljaustücke in eine ofenfeste Form legen. Mit Olivenöl beträufeln und mit Chiliflocken, Salz und Pfeffer würzen. Zitronenscheiben obenauf legen. Den Fisch 7 Minuten im Ofen backen. Den Zitronen-Kabeljau zum Linsenpilaf servieren.

GRÜNE LINSENSUPPE

4 Personen

1 Zwiebel
2 Knoblauchzehen
2 EL Kokosöl/-fett
2 TL Chiliflocken
1,5 l Gemüsebrühe
300 g grüne Linsen
4 EL Butter
1 EL Currypulver
200 ml Kokosmilch
Salz und Pfeffer
1 Bund Schnittlauch
4 EL geröstete Kürbiskerne

Zwiebel und Knoblauch schälen, fein hacken. Kokosöl erhitzen, Zwiebel und Knoblauch darin glasig anbraten. Chiliflocken dazu geben und 1 weitere Minute anschwitzen. Die Brühe zusammen mit den Linsen hinzufügen. Deckel auflegen und die Linsen 30-35 Minuten simmern lassen, bis sie weich sind.

Butter in einer Pfanne bräunen, bis sie nussig duftet. Curry hinzufügen und 1 Minute anbraten, bis er duftet. Pfanne vom Herd nehmen.

Wenn die Linsen fertig gekocht sind, Kokosmilch und Currybutter in den Topf geben. Mit Salz und Pfeffer würzen. Die Suppe direkt im Topf mit dem Stabmixer zu einer cremig-dicken Masse mixen. Mit frischem Schnittlauch und gerösteten Kürbiskernen anrichten.

Kürbiskerne in einer trockenen Pfanne rösten, bis sie aufpoppen. Die Kerne abkühlen lassen, in ein Einmachglas geben und dunkel aufbewahren. Sie halten sich lange und sind ein geniales, knackiges Topping für Suppen und Salate.

PATTYS

MIT LINSEN

12 Stück

500 g Süßkartoffeln
Olivenöl
1 TL Kreuzkümmel, zerstoßen
1 TL Koriander, zerstoßen
1 Dose Linsen (Abtropfgewicht 240 g)
1 Bund Koriander
30 g Haferflocken
30 g Paniermehl
1 Ei
3 EL Kokosfett/-öl
Salz und Pfeffer

Joghurtdip:
250 ml griechischer Joghurt
1 Zitrone
1 EL Za'atar
2 EL Olivenöl
Salz und Pfeffer

Ofen auf 200 °C vorheizen. Süßkartoffeln schälen und in kleine Stücke schneiden. In einen Bräter geben. Mit Olivenöl beträufeln. Mit Kreuzkümmel, Koriander, Salz und Pfeffer würzen. Die Kartoffeln 30-35 Minuten backen, bis sie weich sind.

Die gebackenen Kartoffeln in eine Schüssel geben und mit einer Gabel zermusen. Linsen abgießen und in die Schüssel geben. Koriander hacken und zusammen mit Haferflocken, Paniermehl und Ei hinzufügen. Alles zu einer „Farce" verrühren.

Die Linsenfarce zu flachen Pattys mit ca. 2 cm Dicke formen. Kokosfett in einer Pfanne erhitzen. Die Pattys 3-4 Minuten von jeder Seite braten, bis sie golden sind.

Joghurt mit Zitronensaft, Za'atar, Olivenöl, Salz und Pfeffer verrühren. Den Würzjoghurt zu den lauwarmen Linsenpattys servieren.

Dazu schmeckt ein leckerer Salat mit Tomate, Rucola und Gurke. Auch toll als Füllung im Pita- oder Fladenbrot zusammen mit würzigem Joghurt und Gemüse.

REISPAPIER-ROLLEN
MIT LINSEN

2 Personen (Hauptgericht) /4 Personen (Vorgericht)

12 St. Reispapier
warmes Wasser

Füllung:
250 g Karotten, gerieben
250 g Rote Bete, gerieben
200 g Linsensprossen
200 g Linsen, gekocht
4 EL Sesamsamen, geröstet
2 Avocados
1 Gurke
1 Bund Koriander

Dip:
4 EL Sojasauce
1 EL Fischsauce
2 TL Zucker
1 Limette

Geriebene Karotten, Rote Bete, zwei Arten Linsen und geröstete Sesamsamen auf verschiedene Schälchen verteilen.

Avocados halbieren, Stein entfernen und das Fruchtfleisch in Scheiben schneiden. Gurke waschen und stifteln. Koriander waschen und die Blättchen abziehen. Gleichmäßig auf kleine Schälchen verteilen.

Soja- und Fischsauce mit Zucker und Limettensaft mischen. Alle Schälchen auf den Tisch stellen.

Reispapier an die Seite eines Tellers legen. Wasser kochen und in einen Teller mit hohem Rand füllen. Einen Bogen Reispapier ins heiße Wasser tauchen, dabei festhalten. Das Reispapier soll nur leicht feucht und biegsam werden. Das eingeweichte Reispapier auf den eigenen Teller legen und die gewünschte Füllung ca. 3 cm dick auf dem Papier verteilen. Ränder einschlagen und alles zu einer festen kleinen Rolle rollen.

Es macht Spaß, in einer größeren Runde zu sitzen und Rollen zu kreieren – sie schmecken frisch mit einem Hauch Asien.

BELUGALINSEN
IN LAUWARMEM SALAT

4 Personen

400 g schwarze Belugalinsen
1 rote Zwiebel
2 Fenchelknollen
250 Spargelbrokkoli
2 EL Olivenöl
100 g Mandeln
2 rote Grapefruits
1 Kopf Radicchio
2 EL Olivenöl
Salz und Pfeffer
100 g Ziegenkäse in Öl
100 ml Crème fraîche

Linsen mit kaltem Wasser abspülen und in leicht gesalzenem Wasser 20-25 Minuten garen. Das Wasser abgießen und die Linsen warmhalten.

Zwiebel schälen und fein hacken. Fenchel waschen und in dünne Scheiben schneiden. Spargelbrokkoli waschen. Unteren Teil abschneiden und spalten, wenn die Stängel sehr dick sind.

Öl in einer Pfanne erhitzen. Zwiebel anschwitzen, bis sie zusammenfällt. Fenchel hinzufügen und einige Minuten braten. Spargelbrokkoli und Mandeln in die Pfanne geben und 4 Minuten bei starker Hitze braten. Herd ausschalten und die Linsen unterheben. Die Pfanne auf der Nachwärme stehen lassen und den Rest zubereiten.

Grapefruits schälen. Das Weiße muss komplett entfernt werden! Grapefruits filetieren. Die äußeren Blätter des Radicchio entfernen und den Kopf in grobe Stücke schneiden. Grapefruits und Salat mit dem Rest aus der Pfanne vermengen. Alles in einer großen Schüssel anrichten.

Mit Olivenöl beträufeln, mit Salz und Pfeffer würzen. Ziegenkäse und Crème fraîche verrühren und den Rührkäse zum warmen Salat servieren. Dazu passt geröstetes, knuspriges Roggenbrot.

GRÜNER LINSENSALAT

MIT GEBACKENER ROTE BETE UND HÜHNCHEN

4 Personen

400 g Rote Bete
2 Zweige Rosmarin
2 Zweige Thymian
2 EL Olivenöl
Salz und frisch gemahlener Pfeffer
200 g grüne Puy-Linsen
100 g Rucola

Dressing:
1 EL Tahin
100 ml Wasser
1 Zitrone

Hühnchen:
4 Hühnchenbrüste
2 EL Olivenöl
1 EL Garam Masala
1 EL Oregano
Salz und Pfeffer

Ofen auf 200 °C vorheizen. Rote Bete waschen und schälen. Oberen Teil entfernen und die Knollen vierteln. In eine Bratpfanne geben. Rosmarin hacken und zusammen mit Olivenöl, Salz und Pfeffer hinzufügen. Im Ofen 30 Minuten weich backen.

Linsen mit kaltem Wasser abspülen und in leicht gesalzenem Wasser 20 Minuten garen. Das Wasser abgießen und die Linsen warmhalten.

Rucola waschen und mit einem Küchentuch abtrocknen. Linsen unter die gebackene Rote Bete und Rucola heben.

Tahin mit Wasser und Zitronensaft vermischen. Die Konsistenz sollte schön dünn sein. Dressing über den Salat träufeln.

Hühnchenbrüste in eine Pfanne legen. Öl, Garam Masala, Oregano, Salz und Pfeffer verrühren. Das Fleisch mit dem Kräuteröl bepinseln. 1/2 Stunde marinieren lassen. Pfanne in den Ofen stellen und das Hühnchen 20-25 Minuten backen. Das Fleisch in dünne Scheiben schneiden und auf dem Linsensalat anrichten.

DAL

MIT ROTEN LINSEN, KAROTTEN UND MASALA-PASTE

4 Personen

1 Zwiebel
2 Knoblauchzehen
4 Karotten
1 EL Kokosöl/-fett
1 EL Kurkuma, frisch gehackt
100 ml Masala-Paste
1 Dose geschälte Tomaten
250 ml Kokosmilch
250 ml Gemüsebrühe
300 g rote Linsen
200 g Babyspinat

Topping:
250 ml griechischer Joghurt
1 Bund frischer Koriander
Masala-Paste

Zwiebeln und Knoblauch schälen, fein hacken. Karotten waschen und in Scheiben schneiden.

Kokosöl in einem Topf erhitzen. Zwiebel und Knoblauch glasig anschwitzen. Kurkuma und Karotten hinzufügen und einige Minuten anbraten. Masala-Paste, geschälte Tomaten, Kokosmilch und Brühe dazu geben. Alles zum Kochen bringen.

Die Linsen in den Topf geben, Hitze reduzieren und Deckel auflegen. Das Gericht 20-25 Minuten simmern lassen, bis die Linsen weich sind.

Spinat waschen und kurz vor dem Servieren unterheben. Dazu Joghurt, frischen Koriander und Masala-Paste servieren.

Dal ist ein typisch indisches Gericht, das auch in Nepal, Pakistan und Sri Lanka zubereitet wird. Es wird immer mit Linsen der ein oder anderen Art und jeder Menge Gewürzen gekocht – absolutes „Comfort Food". Wenn Sie Linsen und Gewürze vorrätig haben, ist das Dal zum Greifen nah!

Masala-Paste:
1 TL Kreuzkümmel, ganz
2 EL Koriandersamen
50 g Ingwer
1 EL Chiliflocken
1 EL Paprikapulver, geräuchert
1 EL Garam Masala
1 TL Salz
2 EL Sonnenblumenöl
2 EL Tomatenmark
1 Bund Koriander

Kreuzkümmel und Koriander in einer trockenen Pfanne rösten, bis sie aufpoppen und duften. Die gerösteten Gewürze in den Mörser geben und zerstoßen.

Ingwer schälen und in kleinere Stücke schneiden.

Zerstoßene Gewürze, Ingwer, Chiliflocken, Paprika, Garam Masala, Salz und Öl in eine Küchenmaschine geben. Tomatenmark und gehackten Koriander hinzufügen.
Zu einer Paste mixen.

Lassen Sie Ihrer Fantasie bei der Zubereitung von Dal freien Lauf und geben Sie Gemüse dazu, das bald verbraucht werden muss.

Kochen Sie eine größere Portion Masala-Paste, wenn Sie ohnehin dabei sind. Sie hält sich einige Wochen im Kühlschrank und kann auch eingefroren werden.

BANANEN-MUFFINS

MIT LINSEN

12 Stück

1 Dose Linsen (Abtropfgewicht 240 g)*
2 Bananen (250 ml in zermuster Form)
50 ml Wasser
1 Ei
100 ml kaltgepresstes Sonnenblumenöl
100 g Zucker
1 EL Vanillezucker
180 g Weizenmehl
1 TL Backpulver
1 TL Natron
100 g Rosinen
50 g Nüsse

Topping:
200 g Frischkäse
1 Zitrone
100 g Puderzucker
4 EL Sonnenblumenkerne

Ofen auf 200 °C vorheizen. Wasser von den Linsen abtropfen lassen. Bananen schälen und in kleinere Stücke schneiden. Bananen, Linsen und Wasser in der Küchenmaschine pürieren.

Linsen-Bananenpüree zusammen mit Ei, Öl, Zucker und Vanillezucker in eine Schüssel geben und gut vermengen.

Mehl, Backpulver, Natron, Rosinen und Nüsse in einer anderen Schüssel mischen. Trockene und nasse Zutaten zu einem glatten Teig rühren.

Teig in 12 Muffinformen füllen. Die Muffins 20-25 Minuten backen. Gebäck auf einem Kuchenrost abkühlen lassen, bevor es aus den Formen genommen wird.

Frischkäse mit Zitronensaft und Puderzucker zu einer luftigen Creme schlagen. Die Muffins mit der Creme bestreichen und mit Sonnenblumenkernen toppen.

** Wenn Sie die Linsen selbst kochen, diese erst mit kaltem Wasser spülen. Ca. 30 Minuten weich kochen. Wasser abgießen und nochmals mit kaltem Wasser abspülen, sodass sie komplett abgekühlt sind, bevor sie in den Kuchenteig kommen.*

BOHNEN

HERKUNFT

Bohnen (und Hülsenfrüchte) waren in Mittel- und Südamerika über Jahrtausende Grundnahrungsmittel. Bei uns gibt es eher Kartoffeln als Bohnen (und Hülsenfrüchte). Mein Motto lautet daher: Geben Sie den Bohnen in Ihrer Küche eine Chance!

ARTEN

Es gibt unzählige Arten und die bekanntesten sind Kidneybohnen (rot), Butterbeans (große weiße, auch Limabohnen genannt), Cannellini (große weiße), schwarze Bohnen, weiße Bohnen, Mungobohnen (klein, rund und grün), Augenbohnen, Dicke Bohnen, Borlotti, braune Bohnen und Pintobohnen (auch Wachtelbohnen genannt).

GESCHMACK UND EIGENSCHAFTEN

Bohnen sind eine gute Proteinquelle und deshalb bei vielen Vegetariern beliebt. Sie sind fettarm, gesund und enthalten viele Ballaststoffe, Vitamin A, B, C, E und K, Folsäure und Mineralien in Form von Eisen, Magnesium, Kalium, Selen und Zink. Sie sättigen gut, sind preiswert und außerdem eine nachhaltige Zutat.

Rohe Bohnen enthalten Lektine, die für uns Menschen giftig sind. Sie können starke Bauchschmerzen, Erbrechen und Durchfall verursachen. Deshalb ist es wichtig, Bohnen einzuweichen und zu kochen, damit die Lektine vor dem Verzehr abgebaut werden. Das klingt gefährlich, wenn man aber die Regeln befolgt, passiert eigentlich nichts.

WIE VERWENDET MAN BOHNEN?

Verwenden Sie verschiedene Arten Bohnen für Salate, Eintöpfe und Suppen. Bohnen müssen einen Kick erhalten, damit sie Aroma entwickeln. Also los auf Gewürze, Zitrone, Essig, Chili, frische Kräuter und gute Öle!

ZUBEREITUNG

Getrocknete Bohnen 10-12 Stunden in kaltem Wasser einweichen. Das Einweichwasser weggießen. Bohnen 45 Minuten in frischem Wasser kochen, bis sie gar sind. Etwas länger kochen, wenn sie für Püree verwendet werden sollen, sodass sie komplett weich sind.

Einfach eine größere Portion Bohnen zubereiten und kleinere Portionen einfrieren – dann haben Sie immer Bohnen auf Vorrat.

Ich weiche die Bohnen nicht immer selbst ein, das hält mich aber nicht davon ab, jede Menge davon zu verspeisen. Dann nehme ich welche aus der Dose. Das geht schnell und einfach, ich habe sie immer neben den getrockneten Bohnen im Haus.

Berechnen Sie 40 g getrocknete Bohnen pro Person. Gewässerte, gekochte Bohnen haben das zweieinhalbfache Volumen von getrockneten Bohnen.

LAGERUNG

Bewahren Sie Bohnen dunkel und trocken auf. Sie sollten nie in direkter Sonne stehen. Am besten in einem Glas mit Deckel oder einem anderen, dicht schließenden Behälter oder in einem Beutel aufbewahren. Ich nehme dafür ein Einmachglas.

Gekochte Bohnen sind im Kühlschrank in einer Dose 4 Tage haltbar, können aber auch einfach eingefroren werden.

WEISSER BOHNENDIP

ca. 300 ml

1 Dose weiße Cannellini-Bohnen (Abtropfgewicht 240 g)
1 TL Kreuzkümmel, ganz
2 EL Olivenöl
4 EL griechischer Joghurt
1 Knoblauchzehe
Saft von 1 Limette
Salz und Pfeffer

Garnierung:
50 g Kürbiskerne

Beilage:
1 Bund Karotten
1 Tüte Tortillachips

Bohnen abgießen und mit kaltem Wasser abspülen.

Bohnen, Kreuzkümmel, Olivenöl und Joghurt in einen Minihacker oder die Küchenmaschine geben.

Knoblauch schälen und grob hacken. Limette waschen und Schale abziehen. Knoblauch, Limettenschale und -saft zu den Bohnen geben und alles zu einer glatten Konsistenz mixen. Etwas Wasser hinzufügen, wenn die Masse zu dick ist.

Kürbiskerne in einer trockenen Pfanne rösten, bis sie aufpoppen. Den Bohnendip mit den Kürbiskernen garnieren. Möhrensticks und Tortillachips dazu servieren.

Der Bohnendip schmeckt lecker zu allen möglichen rohen Gemüsen und passt auch gut als Belag für ein Sandwich oder Pitabrot.

MINESTRONE
MIT PESTO

6 Personen

3 Karotten mit Laub
3 Stängel Bleichsellerie
1 Zwiebel
2 Stangen Porree
100 g grüne Bohnen
1,5 l Gemüsebrühe
5 EL Olivenöl
1 Dose rote Borlotti-Bohnen (240 g Abtropfgewicht)
1 Dose weiße Butterbeans (240 g Abtropfgewicht)
75 g Suppennudeln, z. B. kleine Hörnchen

Pesto:
50 g Pinienkerne
1 Knoblauchzehe
100 g Parmesan am Stück
1 Bund Basilikum
100 ml Olivenöl

Karotten, Bleichsellerie, Zwiebel, Porree und grüne Bohnen waschen und putzen. Alles in kleine Würfel schneiden.

Gemüsebrühe aufkochen lassen und die vorbereiteten Gemüse einlegen. Olivenöl in die Suppe rühren, Deckel auflegen und die Suppe 30 Minuten simmern lassen.

Das Wasser von den Dosenbohnen abgießen, rote und weiße Bohnen zusammen mit den Nudeln zur Suppe geben. Bei schwacher Hitze weitere 15 Minuten köcheln lassen. Die Suppe in Schalen mit einem Löffel Pesto darin servieren.

Pesto:
Pinienkerne in einer trockenen Pfanne rösten, bis sie golden sind. Knoblauchzehe schälen und hacken. Parmesan grob reiben.

Basilikum, Pinienkerne, Knoblauch, Parmesan und Olivenöl zum Pesto mixen. Wird das Pesto zu trocken, mehr Öl hinzufügen.

REGENBOGEN-SALAT
IM GLAS

4 Personen – 4 Gläser

200 g roter Spitzkohl
200 g grüner Spitzkohl
1 Dose Kidneybohnen (oder 250 g frisch gekocht)
3 Paprika in verschiedenen Farben
3 Karotten
2 kleine Rote Bete (ca. 200 g)

Geröstete Mandeln:
100 g Mandeln
2 EL feines Salz
1 EL Olivenöl
1 EL Paprikapulver, geräuchert

Avocadopüree:
2 Avocados
1 Zitrone
100 ml Olivenöl
100 ml Wasser
1 Bund Koriander
1 Bund Minze

Beide Spitzkohlsorten sehr fein schneiden. Die Kidneybohnen abgießen und mit kaltem Wasser abspülen. Paprika waschen und in kleine Würfel schneiden. Karotten und Rote Bete schälen. Mit der Rohkostreibe reiben.

Mandeln und Salz in eine Schüssel geben und mit Wasser bedècken. Für 10 Minuten ziehen lassen. Ofen auf 200 °C vorheizen. Ein Backblech mit Backpapier auslegen. Das Wasser von den Mandeln abgießen und diese auf dem Blech verteilen. Die Mandeln 10 Minuten im Ofen knusprig rösten. Die Mandeln abkühlen lassen und in Olivenöl wenden. Mit geräuchertem Paprikapulver bestreuen.

Die Avocados halbieren, Steine entfernen. Mit Zitronensaft, Öl und Wasser in die Küchenmaschine geben. Zu einem weichen Püree mixen. Die Kräuter waschen und die Blättchen von den Stängeln abziehen. Die Kräuter in die Küchenmaschine geben und mixen.

Avocadopüree als erste Schicht in jedes Glas füllen. Die geschnittenen Gemüse und Bohnen danach in die Gläser schichten. Zum Schluss mit Paprikamandeln bestreuen.

BUTTERBEAN-SALAT

MIT OFENGETROCKNETEN TOMATEN UND KROSSEM PARMASCHINKEN

4 Personen

100 g Parmaschinken
1 Dose Butterbohnen (oder 250 g frisch gekocht)
1 Glas ofengetrocknete Tomaten (190 g)
100 g Rucola
4 Scheiben Salzzitrone (S. 17)
50 g Parmesan, frisch gehobelt
4 EL Olivenöl
1 EL Balsamico
Salz und Pfeffer

Ofen auf 200 °C vorheizen. Ein Backblech mit Backpapier auslegen. Den Schinken auf das Blech legen und im Ofen 7-8 Minuten kross rösten. 100 g Parmaschinken Schinken abkühlen lassen.

Butterbohnen abgießen und mit kaltem Wasser abspülen. Bohnen in eine Salatschüssel geben. Die ofengetrockneten Tomaten aus dem Öl nehmen und mit den Bohnen vermengen.

Rucola waschen und mit einem Küchentuch abtrocknen. Mit Bohnen und Tomaten vermischen. Den knusprigen Schinken darüber bröseln. Mit den Parmesanspänen garnieren. Olivenöl mit Balsamico, Salz und Pfeffer mischen und 1 EL Balsamico-Dressing über den Salat geben.

Toller Salat zum Mittagessen!

TACOS

MIT BOHNENSALSA, LACHS UND DIP

4 Personen

200 gemischte Cherrytomaten
1 rote Snackpaprika
1 Zucchini
1 roter Chili
1 Knoblauchzehe
1 rote Zwiebel
2 EL Olivenöl
1 Dose schwarze Bohnen
1 Dose rote Bohnen
100 g Spinat
8 kleine Tortillas/Wraps
1 Bund Koriander
1 Limette

Lachs:
400 g Lachs
1 EL Chiliflocken
1 EL Olivenöl
1 EL Sojasauce
Salz und Pfeffer

Dip:
3 EL Jalapeño-Relish
200 ml griechischer Joghurt

Tomaten, Snackpaprika, Zucchini und Chili waschen. Tomaten halbieren, den Rest in kleinere Stücke schneiden.

Knoblauch und rote Zwiebel schälen und in kleine Würfel schneiden. Öl in einer Pfanne erhitzen. Zwiebel und Knoblauch glasig anschwitzen. Die restlichen Gemüse hinzufügen und 5-6 Minuten braten.

Das Wasser von den Bohnen abgießen und zusammen mit dem Spinat in die Pfanne geben. Bei starker Hitze 3-4 Minuten braten, bis das Wasser aus dem Spinat verdampft ist.

Lachs in Stücke von ca. 5 × 5 cm schneiden. Fisch mit Salz, Pfeffer und Chiliflocken würzen. Öl in einer Pfanne erhitzen und den Fisch anbraten. Sojasauce hinzufügen, weitere 4 Minuten braten.

Joghurt mit dem Relish verrühren und in eine Schüssel geben. Tortillas nach Packungsanweisung erwärmen. Eine große Schüssel mit Bohnensalat, Lachs, Tortillas und Relish-Dip anrichten.

Die Bohnensalsa und den Lachs auf den Tortillas verteilen, mit frischem Koriander garnieren und mit Zitronensaft beträufeln.

In Italien legt man eine Scheibe Brot auf den Boden des Suppentellers, bevor man die Suppe darüber gießt. Das Brot saugt die Suppe auf, so wird sie sämiger und sättigt besser.

RIBOLLITA

6 Personen

2 Dosen weiße Cannellini-Bohnen
1 Zwiebel
1 Knoblauchzehe
2 Karotten
1 Stängel Bleichsellerie
1 Stange Porree
4 EL Olivenöl
2 Zweige Rosmarin
2 Zweige Thymian
1 Lorbeerblatt
1 Dose geschälte, gehackte Tomaten
800 ml Gemüsebrühe
300 g Palmkohl (oder Grünkohl)
Salz und Pfeffer

Beilage:
Sauerteigbrot
1 Knoblauchzehe
3-4 EL Olivenöl

Bohnen abgießen und die Hälfte mit etwas Wasser zum Püree mixen.

Zwiebel und Knoblauch pellen. Fein hacken. Karotten, Bleichsellerie und Porree waschen und putzen. Fein hacken. Olivenöl erhitzen, Zwiebel und Knoblauch darin anschwitzen. Die gehackten Gemüse, Rosmarin, Thymian und das Lorbeerblatt hinzufügen, für 5-6 Minuten anbraten.

Die geschälten Tomaten, das Bohnenpüree, die restlichen Bohnen und die Brühe in den Topf geben. Deckel auflegen und die Suppe 1 Stunde köcheln lassen.

Den Kohl waschen und von den Stängeln streifen. Grob hacken. Rosmarin- und Thymianzweig aus dem Topf heben, den Kohl hineingeben und 10 Minuten mitkochen lassen. Mit Salz und Pfeffer abschmecken.

Knoblauch schälen und zerkleinern. Den Knoblauch auf dem Brot verteilen und mit Olivenöl bepinseln. Das Brot auf dem Toaster rösten und zur Suppe servieren.

Ribollita bedeutet auf Italienisch „aufgewärmt" und ist eine traditionelle Bohnensuppe. Früher kochte man diese Suppe in großen Mengen, weil es ein preiswertes Gericht mit einfachen Zutaten ist. So hatte man eine fertige Mahlzeit, die im Laufe des Tages immer wieder aufgewärmt werden konnte.

CASSOULET
MIT PILZEN UND BOHNEN

6 Personen

375 g gemischte Bohnen, Lima-, Pinto- und Cannellini-Bohnen
175 g Waldpilze, getrocknet
1 Zwiebel
1 Knoblauchzehe
2 EL Olivenöl
1 EL Fenchelsamen
Salz und Pfeffer

Einlage:
1 Bund glatte Petersilie
6 Würstchen
1 EL Olivenöl

Bohnen 10-12 Stunden in Wasser einweichen lassen. Bohnen abspülen und in einen Topf mit 1,5 Litern Wasser geben. Knoblauch und 1 EL Olivenöl hinzufügen. Die Bohnen 45 Minuten kochen, bis sie weich sind. Evtl. die Hälfte der Bohnen herausheben, mixen und wieder zur Suppe geben, wenn die Konsistenz eher cremig sein soll. Topf zur Seite stellen.

Die getrockneten Pilze waschen. In eine Schüssel mit Wasser legen und 1 Stunde ziehen lassen. Zwiebel und Knoblauch pellen, fein hacken.

1 EL Olivenöl in einer Pfanne erhitzen. Knoblauch und Zwiebel zusammen mit den Fenchelsamen anschwitzen. Das Wasser von den Pilzen abgießen und diese mit Küchenpapier abtrocknen. Die Pilze mit in die Pfanne geben und bei starker Hitze 7-8 Minuten braten.

Die Pilzmischung in den Topf zu den Bohnen geben. 40 Minuten kochen lassen. Mit Salz und Pfeffer abschmecken.

Petersilie waschen und hacken. Die Suppe mit gehackter Petersilie als Topping servieren. Die Würstchen in einer Pfanne mit Olivenöl braten, bis sie golden sind. Die Bratwürstchen zur Suppe servieren.

BUTTERBEANS
MIT HÜHNCHEN

4 Personen

1 Knoblauchzehe
150 g Bacon
3-4 EL Olivenöl
400 g Hühnchenfilet
1 EL frischer Thymian, gehackt
250 ml Weißwein
1 Dose geschälte Cherrytomaten
1 Dose Butterbohnen
1 Dose rote Bohnen
2 Lorbeerblätter
1 TL Zucker
Salz und frisch gemahlener Pfeffer
1 Bund Frühlingszwiebeln

Knoblauch schälen und in kleine Würfel schneiden. Bacon in Würfel schneiden. Öl in einem Topf erhitzen. Knoblauch und Bacon einige Minuten anschwitzen.

Das Hühnchenfilet in kleinere Stücke schneiden. Hühnchen, Rosmarin und Thymian hinzufügen und alles schön im Topf anbräunen.

Danach mit Weißwein, geschälten Tomaten und Bohnen ablöschen. Lorbeerblätter dazu geben. Mit Zucker, Salz und frisch gemahlenem Pfeffer würzen.

Deckel auflegen und das Gericht 20-25 Minuten simmern lassen.

Frühlingszwiebeln schneiden und direkt vor dem Servieren unterheben.

CHILI CON CARNE

6 Personen

1 kg Rinderhackfleisch
3 Zwiebeln
2 Knoblauchzehen
3 EL Olivenöl
2 TL Chiliflocken
1 TL Kreuzkümmel, ganz
1 TL Koriandersamen, ganz
1 Stange Zimt
1 roter Chili
2 Dosen Tomaten, geschält und gehackt
3 EL Tomatenmark
1 Dose rote Bohnen
1 Dose schwarze Bohnen
200 g Wirsing, in Streifen

Beilage:
1 Paket dünnes Fladenbrot
200 ml griechischer Joghurt

Zwiebel und Knoblauch hacken. Öl in einem großen Topf erhitzen. Zwiebel und Knoblauch glasig anschwitzen. Chiliflocken, Kreuzkümmel, Koriandersamen und die ganze Zimtstange hinzufügen. Chili waschen, in Scheibchen schneiden und in den Topf geben.

Fleisch portionsweise anbraten. Wenn das Fleisch komplett angebraten ist, die geschälten Tomaten und das Tomatenmark hinzufügen. Deckel auflegen und das Gericht aufkochen lassen. Dann die Hitze reduzieren und alles 1 Stunde simmern lassen.

Wasser von den Dosenbohnen abgießen, mit kaltem Wasser abspülen. Bohnen ca. 1 halbe Stunde vor Ende der Garzeit unter das Gericht heben.

Wirsing direkt vor dem Servieren unterrühren.

Das Chili con carne mit Fladenbrot und griechischem Joghurt servieren.

ZITRONENKUCHEN
MIT BOHNEN

8 Stücke

400 g weiße Cannellini-Bohnen aus der Dose
200 g Honig
1 Vanilleschote (oder 1 EL Vanillezucker)
1 ungespritzte Zitrone
4 Eier
100 g Mandelmehl
2 TL Backpulver
100 g Kokosöl/-fett

Glasur:
1 ungespritzte Zitrone
200 g Butter, zimmerwarm
100 g Puderzucker

Ofen auf 200 °C vorheizen. Eine Springform (22 cm Durchmesser) fetten oder mit Backpapier auslegen.

Bohnen abgießen und mit kaltem Wasser abspülen. Vanilleschote der Länge nach aufschneiden und die Samen herauskratzen. Zitrone waschen und Schale abziehen. Die Bohnen zusammen mit dem Honig, Vanillemark (oder Vanillezucker), Zitronenschale und -saft in eine Küchenmaschine geben. Zu einer weichen Masse mixen.

Die Eier schrittweise darunter schlagen und den Teig schlagen, bis er mehr Volumen hat. Den Teig in eine Schüssel gießen. Mandelmehl und Backpulver unter den Teig heben. Kokosfett bei schwacher Hitze schmelzen lassen, bis es flüssig ist. Das Kokosöl unter den Teig heben.

Teig in die Springform geben und den Kuchen 40-45 Minuten backen. Gartest mit einem Stäbchen durchführen. Wenn Teig am Stäbchen haftet, sollte der Kuchen weitere 10 Minuten backen. Kuchen auf einem Kuchengitter abkühlen lassen.

Zitrone waschen und Schale fein abziehen. Die weiche Butter zusammen mit der Zitronenschale verschlagen. Puderzucker schrittweise hinzufügen und schlagen, bis alles luftig und cremig ist. Zitronensaft nach und nach dazugeben, dabei alles zur weichen Creme schlagen.

Zitronenglasur auf dem Kuchen verteilen.

FRISCHE ERBSEN

Wenn im Sommer frische Erbsen in den Gemüseabteilungen locken, ziehen sie als Lieblingszutat in meine Küche ein und lösen die getrockneten Bohnen eine Zeitlang ab.

HERKUNFT

Erbsen werden seit Jahrtausenden angebaut. Man geht davon aus, dass sie aus dem Mittleren Osten und aus Asien stammen. Später, im 17. Jahrhundert, begann man mit dem Anbau von Erbsen in unseren Breitengraden. Das Klima bei uns ist ideal dafür.

ARTEN

Grüne Erbsen gehören zu einer Sorte, die Markerbse genannt wird.

Zuckererbsen oder Mangetout sind eine andere Sorte, flache Schoten mit kleinen Erbsen im Inneren. Sie werden im Ganzen verzehrt.

Knackerbsen sind eine Kreuzung aus Zuckererbsen und Markerbsen. Sie sind rund, dick und werden ebenfalls im Ganzen verzehrt.

Schälerbsen sind die Sorte, die getrocknet wird und für gelbe sowie Spalterbsen verwendet wird.

GESCHMACK UND EIGENSCHAFTEN

Erbsen sind gesund und stecken randvoll mit Antioxidantien sowie Vitaminen. Sie schmecken süß, knackig, frisch und saftig. Erbsen haben viele gute Eigenschaften: Sie sind gut für Herz, Knochen und stärken die Immunabwehr. Sie enthalten viele Nährstoffe, Proteine, Vitamin C und K, haben wenig Kalorien und einen hohen Ballaststoffgehalt.

WIE VERWENDET MAN ERBSEN?

Für mich ist es das Schönste, wenn ich vor einer Schüssel frischer Erbsen sitze und sie einfach so esse – besser als Chips!

Erbsen können einfach so verwendet werden, als Zutat in Salaten, gedämpft als Beilage zu allen Sorten Fleisch und Fisch, im Risotto, als Bestandteil von Pfannengerichten, für die Suppe – für mich gibt es nur eine Regel: Sie sollten nicht zu einem khakifarbenen Brei zerkocht werden, sondern ihre grüne Farbe behalten.

ZUBEREITUNG

So wenig wie möglich, finde ich – einfach vor dem Servieren unter ein Pastagericht heben, lecker aber auch in einer grünen Erbsensuppe.

LAGERUNG

Erbsen sollten kühl gelagert werden, in der Gemüseschublade halten sie 3-4 Tage. Außerdem können sie sehr gut eingefroren werden.

ERBSEN-PESTO

ca. 250 ml

200 g frisch gepulte Erbsen
1 Bund Dill
ca. 10 ml Olivenöl
Salz und Pfeffer

Erbsen und Dill mit Olivenöl in der Küchenmaschine zu grobem Pesto mixen. Richtig lecker auf geröstetem Brot! Mit Salz abschmecken.

Toll als Beilage zu Geflügel, Fisch und Fleisch. Probieren Sie auch frisch gekochte Spaghetti mit Erbsenpesto und reichlich Parmesan!

SALAT
MIT KNACKERBSEN

4 Personen

400 g Knackerbsen
1 Bund Radieschen
100 g Fetakäse
1 Bund Minze

Dressing:
4 EL Olivenöl
1 Zitrone
1 EL weißer Balsamico-Essig
1 EL Sumach
Salz und Pfeffer

Knackerbsen im Sieb mit kochendem Wasser überbrühen. Mit kaltem Wasser abspülen. Schoten der Länge nach teilen.

Radieschen waschen und Verschmutzungen entfernen. Radieschen stifteln. Knackerbsen und Radieschen in einer Schüssel mischen.

Olivenöl, Zitronensaft, Balsamico-Essig, Sumach, Salz und Pfeffer vermengen. Das Dressing über den Salat geben. Feta darüber bröseln. Minze waschen und hacken, ebenfalls über den Salat streuen.

Ein kleiner, frischer Salat, der zu den meisten Gerichten passt. Lauwarmes Fladenbrot oder gegrilltes Landbrot dazu servieren.

FRISCHE ERBSENSUPPE

4 Personen

1 Zwiebel
1 Knoblauchzehe
1 Backkartoffel
2 EL Olivenöl
1,5 l Gemüsebrühe
500 g Erbsen, tiefgekühlt
2 Salatherzen
1 Bund Minze
Salz und frisch gemahlener Pfeffer

Garnierung:
1 Topf Erbsensprossen
2 Frühlingszwiebeln

Zwiebel und Knoblauch schälen, dann fein hacken. Kartoffel schälen und in kleinere Stücke schneiden.

Öl in einem Topf erhitzen. Zwiebel und Knoblauch glasig anschwitzen. Kartoffeln hinzufügen und weitere 5 Minuten anbraten. Mit Brühe ablöschen und Deckel auflegen. Kartoffeln 15 Minuten lang weich kochen.

Die Tiefkühlerbsen dazu geben. Salat waschen und grob hacken, in den Topf geben. Die Suppe für 6 Minuten durcherhitzen.

Minze grob hacken, in den Topf geben. Suppe mit einem Stabmixer direkt im Topf mixen. Mit Salz und frisch gemahlenem Pfeffer abschmecken.

Suppe in Schalen anrichten. Mit Erbsensprossen und Frühlingszwiebelröllchen anrichten (S. 107).

WRAP
MIT KNACKERBSEN UND AVOCADO

2 Stück

2 Eier
1 TL Chiliflocken
Salz und Pfeffer
4 EL Olivenöl

Füllung:
10 ml griechischer Joghurt
1 Avocado
2 Frühlingszwiebeln
200 g Knackerbsen
50 g kleine Mozzarellakugeln
2 EL Dukkah (S. 23)
1 kleines Bund Kerbel
1 Zitrone
2 EL Olivenöl
Salz und frisch gemahlener Pfeffer

Eier schlagen, mit Chiliflocken, Salz und Pfeffer würzen.

Öl in einer Pfanne erhitzen. Die Hälfte der Eimasse in die Pfanne geben und zum Pfannkuchen ausbacken. Nach 3 Minuten wenden. Mit der restlichen Eimasse wiederholen.

Die Eierwraps mit Joghurt bestreichen. Die Avocado halbieren, Stein entfernen. Avocado in Scheiben schneiden und auf den Eierwraps verteilen.

Frühlingszwiebeln waschen und fein hacken. Knackerbsen waschen und in einem Sieb mit kochendem Wasser überbrühen. Knackerbsen halbieren.

Frühlingszwiebeln, Knackerbsen und Mozzarellakugeln auf den beiden Eierwraps verteilen. Mit Dukkah und Kerbelblättchen bestreuen, mit Salz und Pfeffer würzen. Mit Zitronensaft und Olivenöl beträufeln.

RISOTTO
MIT ERBSEN

4 Personen (Hauptgericht) /6 Personen (Vorgericht)

1 Schalotte
1 EL Olivenöl
1 EL Butter
300 g Risottoreis
250 ml Weißwein
750 ml Hühnerbrühe
50 g Parmesan, gerieben
1 EL Butter
1 Bund glatte Petersilie
2 Handvoll frisch gepulte Erbsen
Salz und Pfeffer

Schalotte schälen und in kleine Würfel schneiden. Öl und Butter in einem Topf erhitzen. Zwiebel glasig anschwitzen.

Reis hinzufügen und unter Rühren sautieren, bis der Reis transparent ist. Mit Weißwein ablöschen und den Reis unter Rühren sämtliche Flüssigkeit aufnehmen lassen.

Brühe portionsweise angießen, während der Reis simmert und die Brühe nach und nach aufnimmt. Die ganze Zeit rühren, damit nichts anbrennt. Nach 20-25 Minuten ist der Reis gar und die Konsistenz sollte cremig sein. Parmesan und Butter unter das Risotto rühren.

Petersilienblättchen waschen und abzupfen, fein hacken. Erbsen und gehackte Petersilie unter das Risotto heben. Mit Salz und Pfeffer abschmecken. Sofort servieren – Risotto eignet sich nicht zum Warmhalten!

TERIYAKI-HÜHNCHEN

MIT ZUCKERERBSEN UND NUDELN

4 Personen

500 g Hühnchenfilet
250 g Nudeln
300 g Zuckererbsen
25 g frischer Ingwer
1 EL Sesamöl
3 EL Teriyakisauce
1 EL Sojasoße
1 EL flüssiger Honig
2 Limetten
80 g Cashewkerne
1 Bund Frühlingszwiebeln
1 Bund Koriander

Nudeln nach Packungsanweisung kochen. Zuckererbsen in eine Schüssel geben. Kochendes Wasser darüber gießen und sofort abgießen.

Das Hühnchenfilet in kleinere Stücke schneiden. Ingwer schälen und fein hacken. Sesamöl mit dem gehackten Ingwer in einer Pfanne erhitzen. Hühnchenteile 3-4 Minuten bei starker Hitze anbraten. Hitze reduzieren. Teriyakisauce, Sojasauce und Honig hinzugeben. Saft von 1 Limette darüber träufeln. Cashewkerne in die Pfanne geben. Alles 10 Minuten simmern lassen, bis das Hühnchen golden ist.

Spitze und Wurzeln der Frühlingszwiebeln abschneiden. Frühlingszwiebeln waschen, die äußere Schicht entfernen, dann quer in Scheiben schneiden. Koriander waschen und hacken.

Nudeln zusammen mit den Zuckerschoten und Frühlingszwiebeln in die Pfanne geben. Alles gut in der Pfanne vermengen. Das Nudelgericht in kleinen Schalen anrichten und mit jeder Menge Korianderblättchen garnieren. Dazu Limettenspalten servieren.

FRISCHE BOHNEN

HERKUNFT

Ursprünglich stammen Bohnen aus Amerika, werden heute aber weltweit angebaut.

ARTEN

Bohnen sind unreife, frische Hülsen mit Samen. Es gibt verschiedene Arten frischer Bohnen: Schnittbohnen, Prinzessbohnen, Wachsbohnen, Bobby-Bohnen … geliebte Kinder tragen viele Namen! Und dann gibt es noch Dicke Bohnen und Edamamebohnen, die aus den Schoten gepult werden.

EIGENSCHAFTEN

Frische grüne Bohnen sind eine hervorragende Quelle für viele Ballaststoffe, Vitamin A, B, C, E, K und Mineralien in Form von Eisen, Magnesium, Kalium, Selen und Zink. Sie sättigen gut und haben kaum Kalorien.

WIE VERWENDET MAN BOHNEN?

Bohnen sind eine beliebte Beilage zu Fleisch oder Fisch. Frische Bohnen eignen sich auch gut mit anderen Gemüsen für Salate. Ein anderer Klassiker sind grüne Bohnen im Speckmantel.

Gefrorene grüne Bohnen können innerhalb von 30 Minuten in leckere, knackige „Pommes" verwandelt werden.

Edamamebohnen und frische Dicke Bohnen eignen sich fabelhaft für grobes Pesto. Edamamebohnen schmecken außerdem gut in Nudelgerichten.

ZUBEREITUNG

Grüne Bohnen sind einfach zuzubereiten. Sie werden gewaschen und geputzt, dann 5-6 Minuten gedünstet. Tipp: Bohnen behalten ihre Elastizität, wenn man sie vor dem Kochen eine halbe Stunde in kaltes Wasser legt, sodass sie sich vollsaugen können. Nach dem Dünsten kalt abschrecken, dann verlieren sie ihre schöne grüne Farbe nicht.

LAGERUNG

Im Kühlschrank in der Gemüseschublade oder im Gefriergerät.

PESTO
MIT DICKEN BOHNEN

ca. 250 ml

200 g Dicke Bohnen, gepult*
Saft von 1 Zitrone
2 EL Minzblättchen
50 g Parmesan
50 ml Olivenöl

Garnierung:
1 Frühlingszwiebel

Die gepulten Dicken Bohnen in kochendes Wasser geben und 4 Minuten blanchieren. Unter kaltem Wasser in einem Sieb abkühlen. Die Bohnen aus den Schalen drücken, wenn sie sehr groß sind - wenn Ihnen das zu lästig ist, lassen Sie es bleiben!

Zitrone waschen und die Schale fein abziehen, ohne das Weiße mitzunehmen. Die Dicken Bohnen mit der Zitronenschale, Zitronensaft und Minzblättern in die Küchenmaschine geben. Parmesan in kleinere Stücke schneiden und zusammen mit dem Öl in die Maschine geben. Zu grobem Pesto mixen.

Frühlingszwiebel waschen und die äußere Schicht abziehen. Längs in schmale Streifen schneiden. Die Streifen in Eiswasser legen und kurz danach verwandeln sie sich in schöne Kringel.

Das Pesto garniert mit Frühlingszwiebeln und gegrilltem Landbrot dazu servieren.

** Das beste Ergebnis erzielt man mit jungen Dicken Bohnen – sie sind noch nicht so mehlig wie die größeren.*

SALAT
MIT THUNFISCH UND BOHNEN

2 Personen

200 g Prinzessbohnen
200 g Edamamebohnen, aufgetaut
200 g Thunfisch in Öl
1 rote Zwiebel
1 Gurke
1 Bund Basilikum
4 EL Olivenöl
2 EL Weißweinessig
Salz und Pfeffer

Bohnen putzen und in kochendem Wasser 3-4 Minuten blanchieren. In der letzten Minute die Edamamebohnen hinzufügen. Wasser von den Bohnen abgießen und diese mit Eiswasser abkühlen, damit sie die grüne Farbe behalten.

Bohnen in eine Schüssel geben. Thunfischstücke darauf legen. Rote Zwiebel schälen und in dünne Spalten schneiden. Gurke waschen und schräg in Scheiben, dann in Stifte schneiden. Alles unter die grünen Bohnen, Edamamebohnen und den Thunfisch heben.

Basilikum hacken. Olivenöl mit Weißweinessig, Salz und Pfeffer verrühren. Das Dressing mit dem gehackten Basilikum über den Salat geben.

OFENGETROCKNETE SOMMERTOMATEN
MIT BOHNEN UND QUINOA

4 Personen

500 g Mixtomaten in Gelb, Rot und Grün
1 kleines Bund Zitronenthymian
3 EL Olivenöl
1 EL Zucker
Salz und Pfeffer
500 g Schnittbohnen
150 g Quinoa
150 g kleine Mozzarellakugeln

Dressing:
4 EL Olivenöl
1 Zitrone
Salz und Pfeffer

Garnierung:
1 Bund glatte Petersilie
1 Topf roter Sauerampfer

Ofen auf 140 °C vorheizen. Tomaten waschen und halbieren. Mit der Schnittfläche nach oben eng in eine Pfanne legen. Zitronenthymian waschen und hacken. Über die Tomaten streuen und mit Olivenöl beträufeln. Mit Zucker, Salz und Pfeffer würzen. Tomaten 2 Stunden backen, bis sie runzlig sind. Der Prozess intensiviert die Süße der Tomaten.

Die Bohnen putzen und mit kaltem Wasser abspülen. In schräge Stücke schneiden. Quinoa waschen und 10 Minuten in Salzwasser kochen. In den letzten 3 Minuten Kochzeit die Bohnen hinzufügen.

Wasser abgießen, Bohnen und Quinoa in eine Schüssel geben. Mit den getrockneten Tomaten und Mozzarellakugeln vermengen.

Olivenöl mit Zitronensaft, Salz und Pfeffer mischen. Das Dressing über den Salat geben. Alles gut vermengen.

Petersilie waschen und fein hacken. Den Salat mit gehackter Petersilie und rotem Sauerampfer garnieren.

UNIQUE

QUICHE
MIT SCHNITTBOHNEN

4 Personen

250 g fertiger Quiche-Teig
4 Eier
50 ml Sahne
100 Emmentaler, gerieben
5-6 Schnittbohnen
60 g Parmaschinken
1 Bund Schnittlauch
Salz und Pfeffer

Ofen auf 200 °C vorheizen. Den fertigen Quicheteig ausrollen und eine längliche Form (33 × 10 cm) mit Backpapier damit auslegen.

Eier mit Sahne, Salz und Pfeffer in einer Schüssel verschlagen. Emmentaler in die Eimasse reiben. Eimasse in die Form geben.

Schnittbohnen waschen und die Enden entfernen. Längs in die Form legen. Schinken in kleinere Stücke zupfen und in der Form verteilen. Schnittlauch hacken und darüber streuen.

Die Quiche im Ofen 20-25 Minuten knusprig backen. Auf einem Kuchenrost abkühlen lassen, bis sie lauwarm ist. Erst dann aus der Form heben.

Ich empfehle eine Metallform mit losem Boden, da der Quicheboden dann knuspriger wird. Außerdem ist es leichter, die Quiche aus der Form zu nehmen. Die Quiche kann natürlich auch in einer runden Form gebacken werden!

BOHNEN-„POMMES"

AN ENTRECÔTE MIT MISODIP

2 Personen

500 g Bohnen, tiefgekühlt
100 g Parmesan, frisch gerieben
3 EL Olivenöl
2 Entrecôte
Salz und frisch gemahlener Pfeffer

Misodip:
50 ml Mayonnaise
100 ml griechischer Joghurt
3 EL Miso-Paste
2 EL Reisessig
1 EL Honig
Salz und Pfeffer

Ofen auf 225 °C vorheizen. Ein Backblech mit Backpapier auslegen. Die Tiefkühlbohnen gleichmäßig auf dem Blech verteilen. In Olivenöl und geriebenem Parmesan wenden. Mit Salz und Pfeffer würzen. Die Bohnen-„Pommes" 30 Minuten im Ofen rösten, bis sie bräunlich und kross sind.

Mayonnaise mit Joghurt, Miso-Paste, Essig und Honig verrühren. Mit Salz und Pfeffer abschmecken.

Steaks mit Salz würzen. In einer heißen Grillpfanne 3 Minuten von jeder Seite grillen. Direkt vor dem Servieren an Bohnen-„Pommes" und Dip mit frisch gemahlenem Pfeffer würzen.

KAKAOBOHNEN

HERKUNFT

Kakao, auch Trank der Götter genannt, stammt aus Südamerika und Kakaobohnen werden seit Jahrtausenden in Zentralamerika und Mexiko angebaut. Spanier und Portugiesen brachten den Kakao nach Europa.

Heute wird er an vielen Orten am Äquator geerntet, neben den genannten auch in Afrika und Indonesien.

ARTEN

Der Kakaobaum heißt Theobroma cacao und umfasst mehrere Arten, die meisten in Südamerika. Es gibt drei Hauptsorten: Forastero, Criollo und Trinitario.

Forastero ist am weitesten verbreitet, da er widerstandsfähig und ertragreich ist. Das Aroma ist bitter.

Criollo hat einen süßeren, runderen Geschmack und wird in Mittelamerika angebaut. Allerdings ist diese Art nicht so robust.

Die Sorte Trinitario entstand durch Kreuzung von Criollo mit Forastero. Sie hat ein schmackhaftes Aroma und ist widerstandsfähig.

GESCHMACK UND EIGENSCHAFTEN

Rohe Kakaonibs sind echtes Superfood: Sie enthalten Antioxidantien, Kalzium, Magnesium, Eisen, Vitamin E und B, Protein, Ballaststoffe und einfach ungesättigte Fettsäuren. Sie schützen vor UV-Strahlen, weil sie Flavonoide enthalten, und nicht zuletzt: Ihre Endorphine machen gute Laune. Also einfach drauflos naschen!

WIE VERWENDET MAN KAKAOBOHNEN?

Wir kennen Kakao als Zutat in der süßen Küche für Kuchen, Desserts und Kakaogetränke. Aber Kakao passt auch wunderbar als Aroma in die herzhafte Küche.

BEHANDLUNG UND ZUBEREITUNG

Nach der Ernte bleibt die Kakaofrucht einige Tage liegen, bevor sie geöffnet wird. Die Kakaobohnen befinden sich in einer weißen Masse, von der man sie befreit. Danach werden sie in Kartons gelegt, gestapelt und abgedeckt. Jetzt beginnt der Fermentierungsprozess über 5-7 Tage, bei dem sich Geschmack und Aroma entwickeln. Danach werden die Bohnen bis zu zwei Wochen in der Sonne getrocknet, wobei sich das Aroma weiter intensiviert.

Jetzt können die Bohnen geröstet werden, um den Geschmack noch weiter zu verfeinern. Es ist wichtig, dass man sie nicht zu stark röstet, weil sie sonst bitter werden können. Sie durchlaufen die Rösterei, wobei sie gerüttelt und mit Luft durchgepustet werden, um die Schalen von den Bohnen zu trennen. Danach werden die Kakaobohnen zu Nibs zerstoßen, die nach weiteren Prozessen zu Kakaobutter und Schokoladenmasse werden.

Ich verwende Kakaonibs in diesem Buch für verschiedene Rezepte, weil sie für viel mehr als nur süße Schokorezepte verarbeitet können.

LAGERUNG

Trocken und kühl.

KAKAO-OLIVEN

6 Personen

200 g Kalamata-Oliven
25 g Kakaonibs
50 ml Olivenöl

Kakaonibs in Öl in einem Topf erwärmen, bei schwacher Hitze etwa 2-3 Minuten.

Oliven in eine Schale geben. Die warmen Kakaonibs über die Oliven gießen. Die Schüssel mit Folie abdecken und 3-4 Stunden auf der Arbeitsfläche ziehen lassen. Im Kühlschrank im luftdichten Behälter 1 Woche haltbar.

Oliven, die zu Drinks überraschen!

SUPERFOOD-SALAT
MIT KAKAONIBS

4 Personen

250 g Spargelbrokkoli
300 g roter Reis
1 EL vegetarische Brühe
250 g Edamamebohnen
250 g gemischte Cherrytomaten
4 EL Granatapfelkerne
3 EL Pistazien
2 EL Kürbiskerne, geröstet (S. 49)

Dressing:
1 Knoblauchzehe
25 g Ingwer
5 EL Olivenöl
1 ungespritzte Zitrone
50 ml Wasser
2 EL Kakaonibs
Salz und Pfeffer

Mit dem Dressing beginnen. Alle Zutaten bis auf die Kakaonibs in einen Blender geben. Zu einem milden Dressing mixen und die Kakaobohnen hinzufügen. Die Pulsierfunktion verwenden und kurz ein paarmal mixen, damit das Dressing die Struktur der Kakaonibs etwas behält. Mit Salz und Pfeffer abschmecken. Dressing zur Seite stellen.

Spargelbrokkoli waschen und das untere Stück wegschneiden. Spalten, wenn die Stängel sehr dick sind. Reis 30 Minuten in Brühe kochen, bis er gar ist, aber noch Biss hat. Den Spargelbrokkoli für die letzten 3 Minuten, die Edamamebohnen in der letzten Minute der Kochzeit dazu geben. Wasser durch ein Sieb abgießen, alles mit kaltem Wasser abkühlen.

Die Reismischung auf einen Teller oder in eine große Salatschüssel geben. Tomaten waschen, halbieren und unter den Salat heben. Das Dressing darüber geben. Mit Granatapfelkernen, Pistazien und gerösteten Kürbiskernen toppen.

CARPACCIO
VON ROTER BETE MIT KAKAO-BALSAMICO

2 Personen

400 g Rote Bete
100 g junge Rote-Bete-Blätter
200 g Ziegenkäse nach Wahl
50 g Walnüsse
2 EL Kakaonibs

Dressing:
3 EL Kakao-Balsamico
2 EL Honig
100 ml Olivenöl
1 TL gehackter Zitronenthymian
Salz und Pfeffer

Kakao-Balsamico:
150 g Kakaonibs
150 ml Balsamico

Mit dem Dressing beginnen. Kakao-Balsamico mit Honig verschlagen, das Öl portionsweise hinzufügen. Zitronenthymian, Salz und Pfeffer dazu geben.

Die Rote Bete schälen und mit der Reibe in feine Scheiben reiben. In eine Schüssel geben und mit dem Dressing vermengen.

Das Rote-Bete-Carpaccio auf vier Teller verteilen. Die Blättchen der Roten Bete in der Mitte und ein Stück Ziegenkäse obenauf anrichten. Mit gehackten Walnüssen und Kakaonibs garnieren.

Kakao-Balsamico:
Kakaonibs mit Balsamico mischen. Die Mischung in eine Flasche geben. Bei Zimmertemperatur 3-4 Tage ziehen lassen. Die Flasche mehrmals am Tag schütteln. Etwa einen Monat haltbar.
Das Aroma wird jeden Tag intensiver.

Kakao-Balsamico ist praktisch als Vorrat für Dressings.

SPICY KARIBIKFISCH

MIT KAKAONIBS

6 Personen

1 Zwiebel
2 Knoblauchzehen
25 g frischer Ingwer
2 EL Sonnenblumenöl
1 EL Currypulver
1 TL Kurkuma, zerstoßen
1/2 TL Fünf-Gewürze-Pulver*
5 EL Kakaonibs
1 roter Chili
1 Dose geschälte Cherrytomaten
1 Dose Kokosmilch (400 ml)
300 ml Wasser
600 g Kabeljaufilet
1 Bund Koriander
Salz und Pfeffer

Zwiebel und Knoblauch pellen, beides ganz fein hacken. Ingwer schälen, fein hacken. Öl in einer hohen Pfanne erhitzen. Zwiebel und Knoblauch glasig anschwitzen. Ingwer, Curry, Kurkuma, Fünf-Gewürze-Pulver und Kakaonibs hinzufügen. 3 Minuten braten lassen.

Chili waschen und in Scheiben schneiden. Chili und geschälte Tomaten in die Pfanne geben und ein paar Minuten köcheln lassen. Kokosmilch und Wasser in die Pfanne gießen. Aufkochen lassen.

Hitze zurückschalten und die Sauce einkochen lassen, sodass sie etwa um ein Drittel reduziert. Zwischendurch rühren, damit nichts anbrennt, das dauert ca. 15 Minuten. Mit Salz und Pfeffer abschmecken.

Fisch mit Salz und Pfeffer würzen und 10 Minuten ziehen lassen. In kleinere Stücke schneiden. Sauce zum Kochen bringen. Fisch hineinlegen und Hitze reduzieren. 3 Minuten simmern lassen. Das Gericht mit frischem Koriander und gekochtem Reis servieren.

** Fünf-Gewürze-Pulver vereint fünf Aromen der asiatischen Küche: süß, säuerlich, bitter, pikant und salzig. Das Gewürz besteht aus einer Mischung aus Zimt, Nelken, Fenchelsamen, Sternanis und Pfeffer.*

LAMMKEULE

MIT „SCHOKOLADENSAUCE“

6 Personen

2,5 kg Lammkeule
1 Bund Rosmarin
1 Knoblauchzehe
4 Bananenschalotten
3 EL Olivenöl
1 Bund Thymian
150 ml Balsamico
250 ml Wasser
50 g dunkle Schokolade (100 %)
1 EL Gastrik (Kräutersirup mit Essig)
Salz und Pfeffer

Ofen auf 180 °C vorheizen. Lammkeule mit Salz und Pfeffer würzen. Kleine Öffnungen überall in das Fleisch schneiden. Knoblauchzehen schälen.

Kleine Rosmarinzweige und Knoblauch in die „Taschen" der Lammkeule stecken - restlichen Knoblauch zur Seite legen.

Schalotten schälen und vierteln. In einen Bräter legen und in 1 EL Olivenöl wenden. Die Zwiebeln im Ofen 15 Minuten braten, bis sich die Ränder verfärben. Den Bräter aus dem Ofen nehmen und Temperatur auf 120 °C zurückschalten.

Lammkeule oben auf die Zwiebeln legen. Mit Thymianzweigen, Salz und Pfeffer würzen. Den restlichen Knoblauch verteilen. Mit dem übrigen Olivenöl beträufeln. Den Bräter mit Pergamentpapier und Alufolie abdecken, sodass er komplett verschlossen ist. Wieder in den Ofen stellen und 4 Stunden garen lassen.

Den Bräter dann aus dem Ofen nehmen. Zwiebeln herausheben und zur Seite stellen. Balsamico und Wasser in den Bräter gießen. Den Bräter mit der Lammkeule offen in den Ofen stellen und 1 Stunde braten. Das Wasser vom Boden des Bräters alle 15 Minuten mit einer Kelle über die Keule schöpfen.

Den Bräter aus dem Ofen nehmen und die Lammkeule auf ein Küchenbrett legen. Mit Alufolie abdecken. Den Saft aus dem Bräter in einen Topf abseihen und die Sauce einkochen, bis sie etwas eindickt. Gastrik und Schokolade hinzufügen. Mit Salz und Pfeffer abschmecken. Die zarte Lammkeule vorschneiden, mit den gebratenen Zwiebeln und der Schokoladensauce servieren.

BROWNIE

ca. 25 Stück

200 g dunkle Schokolade
250 g Butter
6 Eier
500 g Farinzucker
180 g Weizenmehl
3 EL Kakaonibs
100 g Walnüsse

Ofen auf 180 °C vorheizen. Schokolade grob hacken. Butter in einem Topf schmelzen lassen. Den Topf vom Herd nehmen und die gehackte Schokolade zur geschmolzenen Butter geben. Rühren, bis die Schokolade schmilzt, abkühlen lassen.

Eier und Farinzucker schaumig schlagen. Die abgekühlte Schokolade unter die Eimasse schlagen. Mehl unter den Teig heben.

Einen Bräter (ca. 25 × 30 cm) mit Backpapier auslegen. Den Teig gleichmäßig im Bräter verteilen. Die Kakaonibs über den Teig streuen und ganze Walnusskerne darauf verteilen.

Den Kuchen bei mittlerer Einschubhöhe für 15-20 Minuten backen. Er darf in der Mitte gern leicht feucht sein. Kuchen vor dem Anschneiden auf einem Rost abkühlen lassen.

SCHOKO-COOKIES

20 Stück

200 g zimmerwarme Butter
50 g Zucker
100 g brauner Zucker
1 Ei
275 g Mehl
25 g Kakao
1 TL Backpulver
150 g Schokoladenchips oder Chunks, zum Backen geeignet
150 g Haselnüsse, ganz

Ofen auf 160 °C vorheizen. Zwei Backbleche mit Backpapier auslegen. Butter, Zucker und Farinzucker schaumig schlagen. Ei unterschlagen und danach Mehl, Kakao und Backpulver unter den Teig heben. Teig mit den Schokoladennibs und ganzen Haselnüssen vermengen.

Teig mit den Händen kneten. 20 Kugeln formen und auf dem Backblech zu Plätzchen mit ca. 1 cm Dicke drücken. Auf Abstand dazwischen achten.

Die Cookies bei mittlerer Einschubhöhe für 10-12 Minuten backen. Sie dürfen innen gern etwas feucht sein. Cookies auf einem Kuchengitter abkühlen lassen.

Lauwarm als Dessert zu eiskaltem Vanilleeis servieren.

HAUSGEMACHTER SCHOKORIEGEL

6 Stück

100 g Kakaonibs
2 EL Puderzucker
4 EL Kakaobutter

Sonstiges:
1 Steinmörser
1 Silikonform mit Fächern ca. 7 × 3 cm

Garnierung:
Kakaonibs
Kakaobohnen

Ofen auf 120 °C vorheizen. Kakaonibs in einen Bräter geben und 30 Minuten in den Ofen stellen. Mörser in den Ofen stellen und erwärmen, bis er lauwarm ist. Kakaonibs in den lauwarmen Mörser geben und zerstoßen, bis sie zur flüssigen Paste werden. Das dauert ca. 15 Minuten. Die Masse sollte dickflüssig, glänzend und glatt sein.

Puderzucker hinzufügen und wieder mörsern, bis die Masse weich ist. Kakaobutter in die Masse rühren, sodass sie schmilzt. Wenn der Mörser zu kalt ist, diesen wieder im Ofen erwärmen. Mörsern, bis die Masse glatt ist.

Masse in die Silikonform geben. Mit Kakaonibs und ganzen Kakaobohnen garnieren. Die Form kaltstellen und nach ca. 40 Minuten sind die Schokoriegel fertig zum Verzehr.

Himmlisch lecker und jede Mühe wert! Nur drei Zutaten und schon ist der eigene Schokoriegel fertig …

ÜBER DAS BUCH

Bohnen, Linsen und Co. entstand in enger Kooperation zwischen Fotografin Betina Hastof und Rezeptautorin Marie Melchior. Sie pflegen seit Jahren eine großartige Zusammenarbeit.

Marie Melchior ist Rezeptautorin und -stylistin, Kochbuchautorin und Foodbloggerin. Ihre Passion für Essen wurde zum Beruf, als sie das Restaurant Marie's Køkken eröffnete und als Köchin arbeitete. In den vergangenen zehn Jahren hat sie als Rezeptautorin inspirierende Alltags- und Festgerichte für dänische und internationale Magazine kreiert.

Fotografin Betina Hastoft zählt zu den fähigsten und renommiertesten Food-Fotografen Dänemarks. Sie arbeitet seit 2006 als selbständige Fotografin. Betina Hastoft ist Spezialistin für lebendige Food-Aufnahmen, die Gerichte auf ihren Fotos unwiderstehlich machen. Sie beliefert eine Reihe dänischer und internationaler Magazine mit Food- und Lifestyle-Bildern.

DANK AN ...

Ich bedanke mich bei allen, die meine Rezepte probiert und mich unterstützt haben.

Liebe Betina - meine kreative Seelenverwandte. Die Shootings mit dir machen immer Spaß und sind bereichernd.

Ich bedanke mich bei Journalistin Liselotte Enggård Jacobsen für das Sparring bei der Entstehung des Buches.

Dank an meine Töchter Astrid und Nanna sowie meinen Mann Anders für Probieren, Zuhören, das Einbringen von Ideen und die Lieferung von Inspiration. Ihr seid die besten Kritiker!

Dank an das Hotel Chocolat für die neuen Ideen zur Zubereitung der besten Bohne der Welt - die Kakaobohne!

Dank an den Muusmann forlag - ohne euch gäbe es dieses Buch nicht ... Tausend Dank, dass ihr an meine Idee des Bohnenbuchs geglaubt habt.

Herausgegeben von Muusmann Forlag,
Bredgade 4, Kopenhagen, www.muusmann-forlag.dk
Originaltitel Vild med Bonner
© Muusmann Forlag, Kopenhagen, 2018
© Deutsche Ausgabe LV·Buch im Landwirtschaftsverlag GmbH,
48084 Münster, 2021

2. Auflage 2026

Das Werk einschließlich aller seiner Teile ist urheberrechtlich geschützt. Jede Verwertung außerhalb der engen Grenzen des Urheberrechtsgesetzes ist ohne Zustimmung des Verlages unzulässig und strafbar. Das gilt insbesondere für Vervielfältigungen, Übersetzungen und die Einspeicherung und Verarbeitung in elektronischen Systemen. Die Informationen in diesem Buch wurden nach bestem Wissen zusammengestellt. Alle Empfehlungen sind ohne Gewähr seitens des Autors oder des Verlegers, der für die Verwertung dieser Informationen jede Verantwortung ablehnt.

Übersetzung:	Elke Adams, Köln
Fotos:	Betina Hastoft
Satz:	LV MediaPro im Landwirtschaftsverlag GmbH
Druck:	Westermann Druck Zwickau GmbH
Herstellung: L	V MediaPro im Landwirtschaftsverlag GmbH, Anja Luszek-Hoffmann (Ltg.), Ingo Feyka)

ISBN 978-3-7843-5698-3

Mit Liebe für Sie gemacht!

GENUSS. NATUR. LAND LEBEN.

Wir liefern
herausragende Qualität.

MATERIAL, FORMAT, BINDUNG

Wir stehen für hochwertige Bücher mit individuellen Details.

KNIPS!

Ein anregendes Layout und großformatige Bilder sind für uns unerlässlich.

REGIONAL VERWURZELT

Kurze Transportwege sind uns wichtig – für die Umwelt und einen kleineren CO_2-Fußabdruck.

FAMILIÄR

Unser Team kümmert sich mit Hingabe um jede Ihrer Anfragen.

NATURVERBUNDEN

Wir bevorzugen FSC-zertifiziertes Papier.

FEEDBACK

Wir nehmen uns Kritik zu Herzen
und sehen Fehler als Chance.

GEPRÜFTE QUALITÄT

Wir achten auf sachlich korrekte
und gut recherchierte Inhalte.

WERTSCHÄTZUNG

Wir setzen auf faire Vergütung
unserer AutorInnen.

LANGFRISTIGE PARTNERSCHAFTEN

Vertrauen und Kommunikation
auf Augenhöhe sind die Grundsteine
unserer Zusammenarbeit.

ENTDECKEN SIE MEHR! LV.Buch

shop.lv-buch.de

FÜR NOCH MEHR GESUNDE KÜCHE

18,00 €

RHABARBER

Raffinierte Rezepte für Süßes und Herzhaftes

Søren Staun Petersen

120 Seiten | 20 x 24,5 cm
Hardcover

ISBN 978-3-7843-5646-4

KÜRBIS

Harte Schale, gesunder Kern

Überraschende Rezepte für Süßes und Herzhaftes

Søren Staun Petersen

168 Seiten | 20 x 24,5 cm
Hardcover

ISBN 978-3-7843-5647-1

18,00 €